AF509805

LES AMBLUARETI

LES AMBLUARETI

ET LE CAMP DE LA ONZIÈME LÉGION

A AMBIERLE

PAR

LE DOCTEUR NOÉLAS

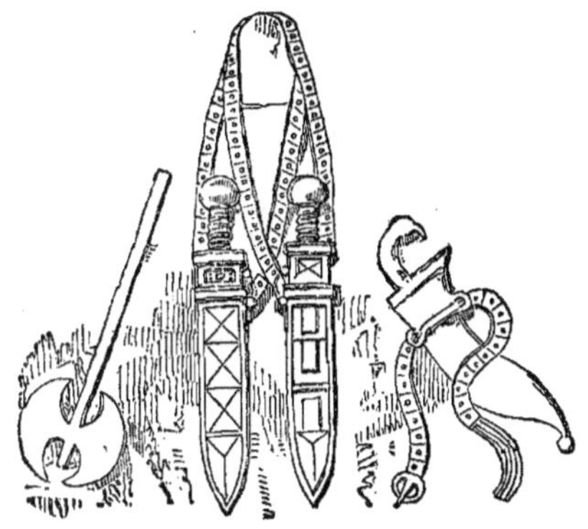

LYON

IMPRIMERIE D'AIMÉ VINGTRINIER

RUE DE LA BELLE CORDIÈRE, 14

1867

LES AMBLUARETI

EXISTENCE ET IDENTITÉ DES AMBLUARETI.

1° César, au VIIe livre de ses Commentaires, nomme parmi les nations clientes de la confédération Eduenne les Segusiavi, les Aulerci Brannovices et un peuple que l'on appelle Ambivareti : « Imperant Æduis atque eorum clientibus Segusiavis, Ambivaretis, Aulercis Brannovicibus, Blannoviis XXXV, milia (VII, 75). »

2° Plus tard, après la prise d'Alise, César envoie chez ce même peuple des Ambivarètes hiverner une légion (la onzième) sous le commandement de Caius Antistius Reginus, pendant que lui-même passera l'hiver à Bibracte : Legiones in hiberna mittit ..... Caium Antistium Reginum in Ambivaretos, T. Sextium in Bituriges, C.C. Rebilum in Rutenos cum singulis legionibus mittit. Q. Tullium Ciceronem et P. Sulpicium Cabilloni et Matiscone in Æduis ad ararim, rei frumentariæ causâ, collocat ; ipse Bibracte hiemare constituit (VII, 90).

3° Et d'abord, doit-on lire Ambivareti, ou bien Ambluareti ?

MM. Valentin Smith, Debombourg, et après eux la *Vie de César* admettent la version Ambluareti ; l'examen des manuscrits ne peut que confirmer cette manière de lire.

En effet, dans les vingt-cinq manuscrits de la bibliothè-

que impériale, vingt et un écrivent au livre VII Ambluareti,
un Ambluaretis, un autre Ambularetis, un seul Ambivaretis ;
les manuscrits du Vatican, ceux d'Amsterdam, les éditions
du XVe siècle disent Ambluaretis, celles du XVIe siècle Am-
bruaretis, (Nipperdei Ambluaretis, M. Frigell Ambivaretis) ; il
faut donc lire désormais ce nom : Ambluareti.

4° Les Ambluareti ne peuvent être les Ambibarii, ces nations : « Quæque eorum consuetudine Armoricæ appellan-
tur » (VII,75) de l'Armorique qui occupaient le diocèse
d'Avranches. Nipperdei les confond avec les Ambibarii, et
Walkenaer avec les Ambarri (consanguines Eduorum). Les
Ambluareti ne peuvent être non plus les Ambiliati ou Am-
biani, aussi peuples bretons : « *Britannia, quæ contra eas
regiones posita (III, 9).*

Enfin, on ne peut pas les confondre avec les Ambibarii
trans Mosam qui ne pouvaient être clients des Eduens.

5° Enfin, **M.** Debombourg fait des Ambluareti la queue de
l'émigration des Amrhas, dont les Ambarres, devenus aussi
clients ou mieux consanguins des Eduens étaient à l'époque
de César les principaux représentants (1)

SITUATION ET LIMITES.

1° Les Ambluareti étaient donc clients et voisins des
Eduens ; dans l'ordre des peuples de la confédération, ils
sont placés immédiatement après les Ségusiaves entre ceux-
ci et les Aulerci Brannovices. Or, la position des Ségusiaves
avec leurs villes Forum et Rodumna est bien déterminée,
celle des Aulerces Brannovices dans le Brionnais très-géné-
ralement admise ; mais il reste au nord des Ségusiaves,
entre les Arvernes et les Eduens, une assez grande région
composée actuellement d'une partie de l'arrondissement de

---

(1) *Revue du Lyonnais*, mars 1866, LES AMBARRES.

Roanne et d'une partie de celui de Lapalisse. C'est là que nous plaçons les Ambluareti, dont le nom d'Ambierle, Amberta (cartulaire de Cluny, cartulaire de Savigny), Ambirliacus (pouillés du diocèse de Lyon), rappelle la présence.

(MM. Valentin Smith et Debombourg, se fiant au nom de lieu, admettent Amberta comme capitale des Ambluarètes ; la carte de la *Vie de César* l'admet aussi avec un point de réserve).

2° Examinons donc dès à présent les limites et le territoire de ce peuple que nous verrons tout à l'heure posséder des traditions, des monuments, des routes et même une mention dans les chartes anciennes.

La Besbre à l'ouest et au nord, la Loire à l'est, le Renaison ou bien l'Houdan au sud devaient être ses limites naturelles si l'on peut les préciser.

Après la pacification et l'organisation de la Gaule sous Auguste les Ségusiaves conservèrent le privilége d'une espèce d'autonomie, *Segusiavi liberi*, à cause de leur ville, Lugdunum fondue ou confondue avec le vieux Condate, mais les clients des Eduens disparurent, les Ambluareti les premiers.

A Lorsque les diocèses ecclésiastiques se formèrent sur les divisions gallo-romaines, les petits peuples suivirent ceux avec qui ils avaient le plus d'affinités. Les pagus des Ambluarètes se partagèrent entre les diocèses de Lyon, d'Autun et de Clermont. Nous voyons les paroisses de Changy, Toursie, Vivans, Saint-Martin d'Estreaux, Arfeuilles, Châtelux, Saint-Pierre-Laval et autres de l'archiprêtré d'Isserpent et plus tard de Cusset, compléter l'ancien diocèse des Arvernes.

B Lyon, capitale de la Gaule, primant désormais Augustodunum, garde pour elle Amberta, l'ancienne ville des Ambluarètes, et ainsi s'explique cette curieuse enclave du Lyon-

nais au milieu du Forez et du Bourbonnais ; Montmorillon
à Arfeuilles forme aussi enclave, Noally sur la Tessonne éga-
lement, enfin Melay plus tard cédé à Autun appartenait aussi
à l'Eglise de Lyon.

C Le Diocèse d'Autun a possédé jusqu'à la Révolution la
plus grande partie des paroisses du territoire des Ambluarètes le long de la Loire, dans le pays que l'on nommait
Bas-Brionnais, petite Bourgogne, souvenir évident de l'ancienne clientèle des Eduens. Artex, Chenay, Chambilly,
Bourg-le-Comte, Céron étaient du diocèse d'Autun et le
sont encore.

2° Les divisions politiques des provinces n'y eurent ja-
mais des limites bien précises. Les ducs de Bourgogne et
les seigneurs de Semur conservaient des terres et des droits
jusqu'à Crozet, et Saint-Haon : Saint-Forgeux, Saint-Germain en Roannais, Noally, Briennon et Maltaverne, la ba-
ronie de l'Espinasse étaient partie en Bourgogne, partie en
Forez ; les limites de ce dernier comté n'ont été fixées de
ce côté qu'en vertu d'un accord entre Guy IV comte de
Forez et Marie de Bourgogne dame de Semur ; le traité fut
signé en mars 1223, à Saint-Germain en Roannais. Le comte
abandonne la paroisse de Saint-Julien (Noally), garde Bai-
gnaux et le grand chemin jusqu'aux étangs de Vivans. La
dame de Semur abandonne ses droits sur Roanne, Crozet,
Saint-Haon, et ne pourra plus rien acquérir au delà des confins du côté de Changy et de l'Espinasse (1).

Du côté d'Arfeuilles, les provinces du Bourbonnais et du
Forez avaient aussi des territoires contestés.

Enfin, le duc Jean de Bourbon, en 1503, réclama comme
appartenant à son apanage, toutes les paroisses du Brionnais
au delà de la Loire, borne naturelle de ce bailliage. Ces pré-

____

(1) De La Mure. *Histoire des comtes de Forez.*

tentions furent réglées sur un ancien traité entre les ducs de Bourgogne et les ducs de Bourbon. Tout ce qui se trouvait sur la rive gauche du fleuve, au-dessus de Briennon passant aux fossés de Vince à Noally, l'Espinasse, Saint-Forgeux, Vivant, Melay, Chenaix, Chambilly, Avrilly, resta aux ducs de Bourgogne (1)

Il est cependant à remarquer qu'au IXe et au Xe siècle, les paroisses outre-Loire ne font pas partie du pagus Brien-nensis (2) quoique Briennon rappelle immédiatement le voisinage des Brannovices; peut-être dans l'antiquité les Aulerci Brannovices s'étaient-ils assuré, suivant la coutume celtique, du gué ou passage de la Loire à Rhodon, dans cette paroisse, et sur cette route menant chez les Ambluarètes et les Arvernes.

3° Enfin, si nous voulons reconnaître dans les parties du diocèse de Clermont, de Lyon et d'Autun de petits pagi des Ambluarètes, il nous reste un canton nommé anciennement les Basses marches du Bourbonnais, qui formerait un autre pagus, c'est le Donjon : Cassini écrit encore le Donjon, Neuvy en Donjon, Saint-Didier en Donjon et n'est-ce pas là l'indice certain d'une antique division de territoire ? c'est au reste une fraction de l'ancien archiprêtré de Pierrefitte, pays Eduen et diocèse d'Autun.

Cherchons encore une preuve relative de la puissance antique des Ambluareti dans les possessions au IXe et au Xe siècle de la célèbre abbaye d'Amberta, dotée par les rois de trente mas qui sont devenus des paroisses où l'abbaye nommait à la cure.

(1) Courtépée. *Description du duché de Bourgogne-Brionnais.*
(2) Courtépée. 2e *édition*, 1er vol. p. 281.

TRADITIONS ET HISTOIRE DES AMBLUARETI.

Les populations qui occupent actuellement le territoire des Ambluareti ont conservé des traditions historiques dont la précision et l'esprit de suite ont lieu d'étonner.

Une première tradition rapportée à Ambierle même, veut que la frontière des Arvernes et celle des Foréziens (Ségusiaves et Ambluarètes) aient été marquées par le célèbre menhir appelé La Pierre Fitte, qui a plus tard donné son nom à une seigneurie et à un village de la paroisse. Deux seigneurs voisins de la borne frontière, l'un Auvergnat, l'autre Forézien, se disputaient les terres et les moissons situées près du menhir. L'Auvergnat, le plus méchant, voulut malgré son compétiteur aller fourrager au delà de la borne; le Forézien tua son adversaire. De là de longues et grandes guerres entre les gens d'Auvergne et ceux du Forez, alliés des Bourguignons. N'est-ce pas là le souvenir exact des grandes luttes des Arvernes et des peuples de la confédération Eduenne?

De plus, à l'approche de César et des Romains qui viennent conquérir le pays, les peuples oublient leurs vieilles querelles, font alliance entre eux et en mémoire de cet événement érigent un monument au Py-le-Men, que l'on appelle en patois : *Les pires lians, les pierres liées ou assemblées.*

Le Py-le-Men ou Py-le-Magnin (on remarquera la désinence celtique : *Py-le-men, pierre plantée*) offre actuellement une réunion de roches énormes qui ont été travaillées de main d'homme et arrangées. On trouve autour d'elles des fragments de poterie qui n'ont pas subi la cuisson ni le tour. Elles sont situées près de la Pierre Fitte, et non loin d'un refuge souterrain au bois Jolis, où l'on a trouvé des bracelets celtiques, mais elles ne nous ont pas paru constituer le genre de monument appelé chromlech: (1) Toute la

-----

(1) Il est possible que le véritable monument ait été détruit.

région qui les environne se nomme terre des Grandes-Pierres, et elle offrait il y a peu d'années un trilithe ou dolmen élevé fort remarquable.

Prenons maintenant une autre tradition qui nous donne une suite directe à la première. César arrivant dans le pays, y trouve deux villes gauloises toutes les deux nommées : *Rocdamnias*, Roanne? mais l'une située sur la Loire est dite *la Marine*; elle accueille le conquérant et devient son alliée (alliance des Eduens et des Romains). L'autre est dite *la Montagne*, située entre Ambierle et Saint-Haon, et s'apprête à faire résistance; elle met en sûreté ses femmes, ses vieillards, ses trésors au *Refuge du Forété*, sur le mont Py-Lote. César ne peut forcer ce refuge, mais il surprend Rocdamnias *la Montagne*, y massacre cinq mille de ses défenseurs et la détruit de fond en comble.

Enfin une troisième tradition continue l'histoire de la conquête. Il n'est pas un paysan qui ne nous raconte la bataille de Mayeuvre, dans la plaine de Saint-Haon, entre César et les Gaulois. On montrait il y a peu d'années, au lieu dit *Verchin* ou *Vercheux*, une grande table sur laquelle les esprits merveilleux voyaient sculptées deux clefs. C'était un monument érigé sur le champ de bataille où César défit après la bataille d'Alise les derniers Gaulois qui se repliaient sur l'Auvergne; l'affaire fut majeure, *majora opera*, de là le nom de Mayeuvre. Les Gaulois firent des efforts désespérés, et leur capitaine fut pris vivant. *Vergasillaunus Arvernus vivus in fugá comprehenditur.* (*Verchin* représente le commencement du mot *Vercingétorix.*) Voici ce que l'observation scrupuleuse des lieux désignés nous a appris. La plaine de Mayeuvre est effectivement un ancien champ de bataille encore parsemé de débris gallo-romains (1).

---

(1) Il est évident que nous rapportons simplement la tradition sans admettre la possiblité de la venue de Vercingetórix à Mayeuvre.

Nous avons encore pu dessiner la pierre de Mayeuvre maintenant brisée. Elle n'avait aucun signe de sculpture, ni clefs, ni autre objet; elle reposait sur quatre autres blocs irréguliers et constituait un véritable dolmen isolé de toute roche dans un pays plat.

Le champ est traversé par un ancien chemin celtique conduisant d'Amions, *Mediolanum Segusiavorum*, à Amberta; le chemin est bordé de tumulus dont celui de Montjard est le plus considérable.

De plus, au sud-ouest de la petite plaine existe, encore bien conservée, une enceinte carrée à angles arrondis avec larges fossés et deux fosses en entonnoir sur le front méridional; cette enceinte pouvait contenir *une cohorte* et surveillait tous les passages du pied des montagnes; elle est de construction romaine (poteries gall-oromaines, près de Place-Bouthier).

ROUTES ET MONUMENTS DES AMBLUARETI.

Avant d'étudier les voies de communication des Ambluareti, il est bon d'énumérer brièvement leurs montagnes et leurs rivières.

La chaîne de la Madeleine, de la *Pierre du Jour*, au pic de *Jard* et aux hauteurs de *Montéguet*, courait du sud au nord. Les points principaux étaient le plateau de Tombérinos, Beccajat, et le plateau de Saint-Jacques-des-Biefs, Jard la Montagne, endroits où l'on a trouvé des débris celtiques, Cinq cors à Arfeuilles.

Les rivières étaient le Tessonant, l'Arçon, la Vosance (une branche du Tessonant ou Tessonne porte même dans les chartes le nom de rivière des Ambarets, comme nous le verrons tout à l'heure) et le Barbenant.

Le territoire était traversé par deux voies encore reconnaissables ; elles offrent ce caractère commun : d'être bien distinctes des voies romaines, de relier entre elles les localités celtiques et les monuments et tombelles, et d'offrir en plusieurs endroits tous les caractères assignés aux chemins gaulois (fosses, ornières, largeur reconnues) (1).•

L'une allait du sud au nord, d'abord de Forum à Mediolanum Segusiavorum (Feurs et Amions), et se dirigeait sur Amberta et Vorogium (Voroux près Varennes); nous l'avons bien déterminée à partir d'Amions (2) : elle passait au village de Quincié, paroisse de Bully, recevait à Châtelus un embranchement venu de Jœuvre et de Saint-Maurice-sur-Loire, localités bien connues par la découverte d'un dépôt de médailles au nom même de Vercingétorix et au type du cheval avec le vase renversé. De là, la voie rencontrait sur le territoire de la Garde à Saint-André une pierrefitte, puis une pierre branlante et une source sacrée au Breu, près le Châtelard ou Châtard ; ici elle prend le nom de *chemin du Breu, vieille route de Paris à Lyon*, qu'elle conserve dans tout le parcours sous les montagnes de la côte. Au-dessous de Saint-André, elle devient la *rue Franche*, traverse ensuite les Guérines et les pierres folles, bordée de tumulus ; puis la rivière de Roannaison, enfin rencontre une autre voie, celle de Rodumna à Vicus Aquæ calidæ, près du carrefour de l'orme de Montgaultier. *Le chemin charretier de l'Orme à Lamurette* la continue, formant une crase profonde et étroite jusque vers Azole et le champ de Mayeuvre. Il traverse ce champ, passe près des tombelles de Montjard, sur la rivière des Ambarets, continue par les crases des Georges et de Rullières, au-dessous d'Ambierle, pour rencontrer les

____

(1) Chemins celtiques, par M. Bial. Voie roulière, moyenne 1^m 204 de large.

(2) A. Chaverondier. Inventaire des titres du Forez, supplément.

tumulus ou tombelles de Vernelus, qui nous ont fourni des haches celtiques. Ce chemin porte aussi le nom vulgaire (1) de chemin de la Fringale. Le même chemin rencontrait à Changy et Arçon la pierre Trocésar, entre Sail, Montéguet et Saint-Martin-d'Estreaux, la pierre maligne, et se dirigeait sur la Besbre, dans la direction de Vorogium.

La seconde voie importante continuait le chemin de la Sayette, venant de Forum à Rodumna; de Rodumna elle paraît avoir passé près du palet du Diable, le long du Roannaison; à Pouilly-les-Nonains elle est connue sous le nom de *rue Fourny, crase des Buissons*. Elle coupait la voie de Médiolanum vers l'orme Montgaultier, près de l'étang de Boisy, remontait vers Saint-Haon par *les Croses* et y prenait le nom de *vieille route de Clermont, chemin des Chargrohds*, bien distincte de la voie romaine connue sous le nom de *chemin des soldats.*

Cette voie gauloise, qui conduisait chez les Arvernes, est particulièrement intéressante parce qu'elle traverse le *refuge du Forêté* au-dessus d'Amberta, et parce qu'elle nous a donné plusieurs *celtœ* à Saint-Haon-le-Vieux, à Saint-Jacques-des-Biefs. Elle desservait aussi les *Cars* ou forteresses de Saint-Bonnet-des-Cars; on peut la suivre jusqu'à Arfeuilles, Ariolica, et de là elle gagnait Vicus aquæ calidæ; sur son parcours, ou près d'elle on remarque la *pierre qui vire* la fontaine sacrée de Sainte-Luce (Châtelux Ambierle), celle des Biermes près du moulin Corbet et de la rivière de Renaison à Pouilly, le souterrain du bois Joly, à Ambierle, les souterrains de Petrassaint à Arfeuilles, etc.

Au-dessus de Saint-Haon, une courte section a conservé dans la roche, les ornières, la largeur de la voie.

Sur ces voies venaient sans doute se souder des chemins

---

(1) Procès pour la réparation de la chaussée de l'étang d'Azole, 1591.

secondaires dont le mieux marqué est le chemin de *la Char-mette* dans la vallée de la Tessonne, prenant à la Loire, vis-à-vis le pays des Branovii, rencontrant les *tumulus* de la Bénissons-Dieu, les tombelles du *pré Arlan*, dolmens sous tumulus près de l'Espinasse, les *pierres des Seignes*, dolmen ruiné à Amberta même, la *pierre fitte*, le *py-le-men* et aboutissant au refuge du Forêté.

Les principaux monuments des Ambluareti viennent d'être indiqués rapidement (1). Nous pouvons y ajouter la Grotte aux Fées à Renaison, les tombelles près des pierre folles qui ont fourni plusieurs celtæ, d'autres tumulus et menhirs.

Enfin, nous devons parler des objets de l'âge de pierre trouvés récemment (2) dans la vallée de la Vosance et le pays du Donjon, objets fabriqués en sulfate de baryte. Remarquons à ce sujet que ce minéral est très-abondant chez les Ambluarètes et notamment à Ambierle même; près du Châtelard, il y en a des carrières remarquables.

Un souterrain au-dessous du Forêté nous a fourni de curieux bracelets de bronze en général semblables à ceux trouvés à Vinols près Montbrison (3), mais aussi de forme se rapprochant de l'époque de la conquête. Les souterrains ou buttes de Buffinand, à Ambierle, nous ont donné des fragments de poterie gauloise. Dans la carte annexée à cet article, on trouvera l'indication des principaux lieux où l'on a trouvé les monuments et les objets, mais on peut compléter cette carte tous les jours.

Etudions avec soin les points fortifiés ou les lieux de refuge des Ambluareti.

(1) Voir Répertoire archéologique du canton de Saint-Haon.

(2) A Lenox en Donjon, 1866, M. Meilheurat de Montcombroux a signalé dans cette région un grand nombre de tumulus et d'objets de pierre et de bronze. Cabinet historique, 1861. Lettre à M. Paulin Pâris.

(3) V. Bulletin monumental. Vincent Durand (1864).

Un premier que la tradition nous apprend elle-même,
c'est le Forêté, Foresté, Foretey (de Forum?). C'est un plateau assez étroit isolé sur le mont Py-Lots (1), entre les paroisses de Saint-Riran, de Saint-Haon-le-Vieux et d'Ambierle;
il est traversé par la voie de Rodumna à Aquæ calidæ, et une
foule de chemins y aboutissent; c'est le rendez-vous de
tous les êtres superstitieux, biermes, druides, fées, selon nos
campagnards, et il y a eu du sang répandu; le terrain y est
de nature sablonneuse et paraît avoir été remué par le tra-
vail, car on y voit des traces de fossés peu déterminés, et
des vestiges de tumulus (2), le lieu est environné de bois
taillis.

Nous trouvons de l'autre côté du col de la Croix-du-Supt,
passage obligé de la voie, la paroisse de Saint-Bonnet-des-
Cars (de Carris) où l'on connaît plusieurs vestiges d'en-
ceintes de pierres sèches : des cars celtiques proprement
dits. L'un situé au-dessus du village Dépalle-des-Bois (des
pals), paroisse Saint-Nicolas-des-Biefs, commande les sources
du Barbenant ; il est peu conservé, cependant on y voit des
terres en pente circonscrites de petites murailles à pierres
sèches à peine hautes d'un mètre, et qui ont l'air plutôt de
divisions de pâturages.

Les restes du Car de Rade et du Car du Roc de Mont-
lune à Saint-Bonnet sont mieux déterminés. Le rocher de
Rade conserve à son sommet une assez haute muraille de
blocs de rochers cyclopéens, et l'on a trouvé dans ces régions
des poteries, des objets de pierre, mais il faudrait exacte-
ment mesurer ces restes.

Enfin, le cours de la Besbre est dominé par le Car-

---

(1) 350 mètres sur 500 de large.

(2) Le Forêté est aussi traversé par la voie romaine. C'est près de là
que l'on a trouvé des celtæ et les bracelets du bois Joly.

Grohd (1), où s'est fondé le curieux village des Chargrohds :
l'origine antique des habitants est incontestable, mais les
traces de fortifications gauloises y sont peu visibles. Nous men-
tionnons seulement près d'Arfeuilles la montagne de Cinq-
Cors ou Cinq-Cars qui surveille le bas pays des Ambluareti
et les frontières Arvernes (2).

EXAMEN DES CHARTES.

Voilà donc le peuple des Ambluareti bien défini par ses
routes, ses monuments, ses forteresses et les faits plus ou
moins probants de son histoire.

Leur existence nous est démontrée dans leur propre pays
par une charte qui nous a conservé le nom et l'attribution
du cours d'eau qui coulait à Amberta, leur capitale même.
Nous l'avons trouvée dans les vieux papiers de la seigneurie
de Lamurette, longtemps possédée par les Chabannes de la
Palisse, conjointement avec les abbés et prieurs d'Ambierle.
Cette seigneurie était traversée par la voie de Mediolanum
à Vorogium, et c'est dans les confins énumérés qu'est désignée la rivière des Ambarrets et le territoire des Ambarrets,
entre les paroisses d'Ambierle et Saint-Germain-Lespinasse.
Cette rivière descend de Pierrefitte, sous le nom de Brasso-
tières, alias de Terrassonières, alias de Pierrefitte ; elle tra-
versait un grand chemin bien connu au moyen-âge, celui
de Saint-Haon à Crozet, sous un pont de pierre : *pons
de petrâ*, débris d'une petite voie romaine encore très-
bien marquée, allant de Campanianum, Champagny, à Am-

______

(1) Ils sont décrits au Répertoire archéologique des cantons de Saint-
Haon et de la Pacaudière.

(2) Des celtæ y ont été trouvées, et on a conservé le souvenir des ruines
antiques d'une tour.

berta, dont le bourg et le fanum étaient alors, suivant la tradition et d'après l'inspection des lieux et des débris gallo-
romains, au village des Georges. (Il est possible que le pont
ait été construit en pierre, mais nos vieillards ont gardé le
souvenir d'un beau menhir, situé à la Maladière, sur le ruis-
seau, près du tumulus de Montjard).

De ce point, la rivière prenait le nom de Maladière, ruis-
seau des Barres, qui rappelle encore les Amblarets, rivière
des Ambarrets, et enfin conservait et conserve encore dans
tout son parcours jusqu'à la Tessone où il se jette, le nom
celtique de Tegnetenant; ceux de Filerin et de Cacherat lui
sont aussi quelquefois donnés.

Dans la charte désignée, elle porte le nom de *Rivière des
Ambarrets*, plusieurs fois répété. Dans une charte latine pro-
venant du couvent d'Ambierle et portant la date du jeudi
6 avril 1469, la même rivière est ainsi désignée : « In dicto
tenemento de Muretia juxta ripiam labentem de ponte de
petrâ aux Embruns... et dictum stagnum et situm est juxta
ripiam *des Barres* (plus bas des Barris). » Ce document, re-
lativement moderne et du temps du célèbre abbé de Balzac,
rappelle la donation du territoire des Embruns le long de
cette rivière, en 1267, par Guillaume d'Arnole.

On remarquera ce nom d'*Embrun*, que nous avons re-
trouvé écrit *Ambruns*, et même *Ambrodunum* ; il rappelle
encore les Ambluarètes, ou Ambruaréti, comme l'écrit un
manuscrit ; le lieu ainsi designé est rempli de débris gallo-
romains, on y signale un tumulus et il est tout voisin du
champ de Mayeuvre. Une tradition prétend que Saint-Haon-
le-Châtel, situé tout proche, portait autrefois le nom d'Am-
brun.

Nous convenons au reste que ce dernier rapprochement
est plus ingénieux que très-probatif, mais les chartes ont
leur valeur. Les nombreux vestiges d'antiquité nous don-

neront à la fin une inscription qui fixera l'opinion, mais nous ne sommes pas à bout de preuves, comme nous l'allons voir par l'examen du camp où a *hiverné* la onzième légion sous le commandement de Caius Reginus Antistius.

CAMPEMENT DE LA ONZIÈME LÉGION A AMBIERLE.

Après la prise d'Alise, César envoie Caius Antistius Reginus hiverner avec une légion chez les Ambluareti. Ce lieutenant s'était distingué, en défendant contre les efforts de l'Arverne Vergasillaunus, le poste désavantageux de la colline, située au nord du camp de César et qu'on n'avait pu enfermer dans les lignes de circonvallation (VII, 83).

Il commandait la *onzième légion* (Paul Bial, *Chemins celtiques, p.* 247) : « Summæ spei, delectæ juventutis, undecimam : quæ octavo jam stipendio functa, tamen, collatione reliquarum, nondum eamdem vetustatis et virtutis ceperat opinionem (VIII, 8).

César apprenant la révolte de plusieurs peuples gaulois, part de Bibracte, pour aller chez les Bituriges, qui ne pouvaient être contenus par la seule légion campée chez eux. Il prend avec lui la douzième, et lui joint la onzième qui n'était pas campée très-loin. « Ipse... ab oppido Bibracte proficiscitur ad legionem duodecimam quam non longe à finibus Eduorum collocaverat in finibus Biturigum. Eique adjungit legionem undecimam quæ proxima fuerat. Binis cohortibus ad impedimenta tuenda relictis (VIII, 2). »

Il existe à Ambierle même, Amberta des Ambluareti, un camp où a campé la onzième légion, à cinq cents mètres à peine au couchant du bourg sur le plateau des Châtelards. Voici la description de ce qui reste de cette castramétation.

Plateau en pente douce, isolé de toute part, au levant, au nord et au couchant, en vue du mont Beuvray, Bibracte, qui apparaît à l'extrême horizon par les temps clairs, même la nuit , en vue aussi des plaines des Ségusiaves et des Brannovices, correspondant avec un système d'autres châtelards voisins, et gardant les routes gauloises de Forum à Vorogium et de Rodumna à Vicus Aquæ calidæ.

Plan quadrilatère un peu allongé, 350 mètres sur 250 (mesurés au vallum) (1). Le front tourné vers la plaine offre, sur une longueur de cent mètres, un vallum haut de cinq mètres, formé de murs à pierres sèches, de la roche naturelle et de gros blocs alignés ; ce vallum est souvent interrompu par des éboulements, mais son profil est bien marqué, ainsi que les vestiges du fossé. Un sentier qui descend à la Croix-des-Jaunards et au bourg, indique une porte sur cette pente.

Le côté nord forme une arête peu déterminée jusqu'à un gros de rocher exploité en carrière et qui formait comme un bastion près d'une porte; à partir de ce point , un talus d'un mètre de haut et un petit fossé dessinent le camp en ligne droite jusqu'au pied du rocher du châtelard. Les terres qui avoisinent et le village Besson ont montré des ruines, des murs de petit appareil, avec chaînes de briques et des fontaines.

L'angle N. O. est occupé par le roc culminant , auquel on réserve le nom de Châtelard et dont le pied est couvert de débris antiques. Le côté occidental est encore assez bien marqué par un talus et un alignement de roches. C'est de ce côté et près d'un groupe de pierres qui indiquent la porte prétorienne, que des bœufs de labour ont effondré un fossé obstrué de broussailles ; il était creusé dans le roc à une

______

(1) On voit combien les dimensions de ce camp se rapprochent de la normale au temps de César pour une légion, 250 à 370 mètres. Voir le tableau de M. le capitaine Bial: Chemins, habitations et oppidum de la Gaule, t. 1, page 229.

profondeur de 2 mètres 60 centimètres, sur une largeur de 9 pieds, trois mètres.

Le côté méridional est bien marqué vers l'angle S.-O. par un talus de roches *taillées*, de quatre mètres de haut. Un chemin qui vient d'une carrière situé dans le camp, correspond à la porte et à la voie qui y accédait du côté de Hauteville (*alta villa*). Cette porte et cette voie ont été découvertes cette année, à une profondeur d'un mètre cinquante environ; la voie a une largeur de trois mètres, elle est pavée de grandes dalles et bordée de deux murs de petit appareil; tout a été recouvert par les terrassiers.

L'angle S.-E. est aussi bien marqué par des roches taillées. Sur le trajet du grand diamètre du camp, E.-O., plus près du côté occidental, est un rocher, aujourd'hui exploité en carrière de granit; on le nomme le Py-le-Mortier. Il était couvert, il y a trente ans, de singuliers bas-reliefs dont la population d'Ambierle a gardé le souvenir précis. On y voyait des tourtes de pains, des glaives, des haches, une tête de taureau, un génie ou enfant ailé dans une espèce de corbeille ou berceau, un bras nu tenant un rameau d'olivier, des inscriptions en grandes et belles lettres latines avec des chiffres romains. Tout cela a été impitoyablement détruit par les carriers. Il reste sur le rocher de nombreux trous creusés de main d'homme, pouvant contenir 20 à 30 litres d'eau au moins, semblables à ceux que l'on voit les légionnaires de la colonne Trajane creuser, pour asseoir les pièces de bois et les tentes du prœtorium; ce prœtorium devait être placé sur ce rocher.

Autour du Py-le-Mortier, près le rocher du Châtelard formant redoute, vers le front du camp et dans les terres du village des Bessons, on trouve encore à la surface du sol beaucoup de débris de campement (poteries noires et jaunes, débris de tuiles à rebord); des sépultures par incinération se

sont montrées en assez grande quantité à Hauteville. Enfin
des archéologues demeurés inconnus ont fouillé le terrain ,
qui renferme, dit-on, des trésors; des ouvriers cupides y ont
travaillé en secret. Il y a une trentaine d'années, les cultiva-
teurs eux-mêmes ont rencontré, bien souvent, beaucoup de
poteries entières, des vases de bronze, notamment des pla-
ques percées de trous, et d'autres ustensiles romains, quel-
ques armes qui n'ont pas été décrites, et des médailles, des
lampes, des disques d'ardoise, etc. Ces objets se trouvent
surtout entre deux lignes parallèles au front du camp, marquées par de petits talus comme les rues parallèles ; on
pourrait encore supposer que ces vestiges désignent une
seconde enceinte plus rétrécie que la première, et qui aurait
été construite lorsque Caius Antistius Reginus , rappelé de
ses quartiers, laissa une seule cohorte à la garde des ba-
gages (VIII, 2).

Mais en l'absence des inscriptions et des recherches dont
j'ai parlé , nous trouvons une preuve singulière en même
temps de l'existence des Ambluareti et du campement de la
onzième légion : à cinq cents mètres du camp environ, sur
le trajet du sentier du bourg d'Ambierle à Pierrefitte , non
loin du dolmen des Seignes, au lieu dit Font-Bonnet, auprès
de la route de Charlieu à la Croix-du-Supt, des fouilles pro-
fondes ont mis à nu de vastes substructions, poteries, briques, tuiles à rebord, semblables à celles du camp et formant
dans la vallée une chaîne non interrompue de débris; parmi
les objets curieux déterrés en cet endroit figuraient deux
masses d'étain blanc, ciselé et travaillé en forme de pilons
à mortier, et enfin des tuiles à rebord (30 centimètres de
largeur sur 40 de long) , dont quelques-unes ont été
conservées dans une construction voisine. Elles portent en

caractères assez irréguliers le sigle suivant , inscrit du côté
de la saillie des rebords au milieu de la tuile :

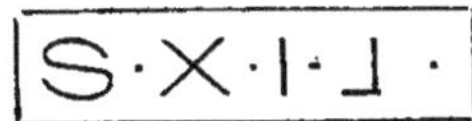

Doit-on lire : *Signum undecimæ legionis*? On remarquera
que la lettre L est renversée, comme il arrive assez souvent pour les empreintes en terre cuite.

Il est donc prouvé pour nous que le camp d'Ambierle est
celui où campa la onzième légion, sous le commandement
de Caius Antistius Reginus. Ambierle n'est qu'à deux étapes
de Digoin, trois de Decise, et par conséquent la onzième légion , *quæ proxima fuerat* , pouvait très-bien être rappelée
par César partant de Bibracte, et recevoir de lui jour et nuit
des dépêches.

Nous pouvons conclure de ce qui précède, que les Am-
bluaréti étaient placés près d'Ambierle , que Amberta était
leur capitale, et le camp d'Amberta le castrum de la onzième
légion.

Nota. Pour M. le capitaine Bial, le campement de la onzième légion est
chez les Ambivareti près de Nevers.

Pour M. Léon Fallue, c'est le camp de Bou, non loin de Decise, où l'on
a voulu aussi placer les Boïens.

Pour M. l'abbé Boudant, Chantelle près Moulins-sur-Allier ; mais il ne
faut pas oublier que ce campement est intimement lié à l'existence des
Ambluareti , et l'on ne peut déterminer l'un si l'on ne fixe la position des
autres.

(*Bis*). Le résumé de ce Mémoire a été lu en décembre 1866 au congrès
provincial de Moulins.

Font Bonnet
N
Dolmen des Se
châtelar
Fontaine
Haie
Chemin de Rocafort

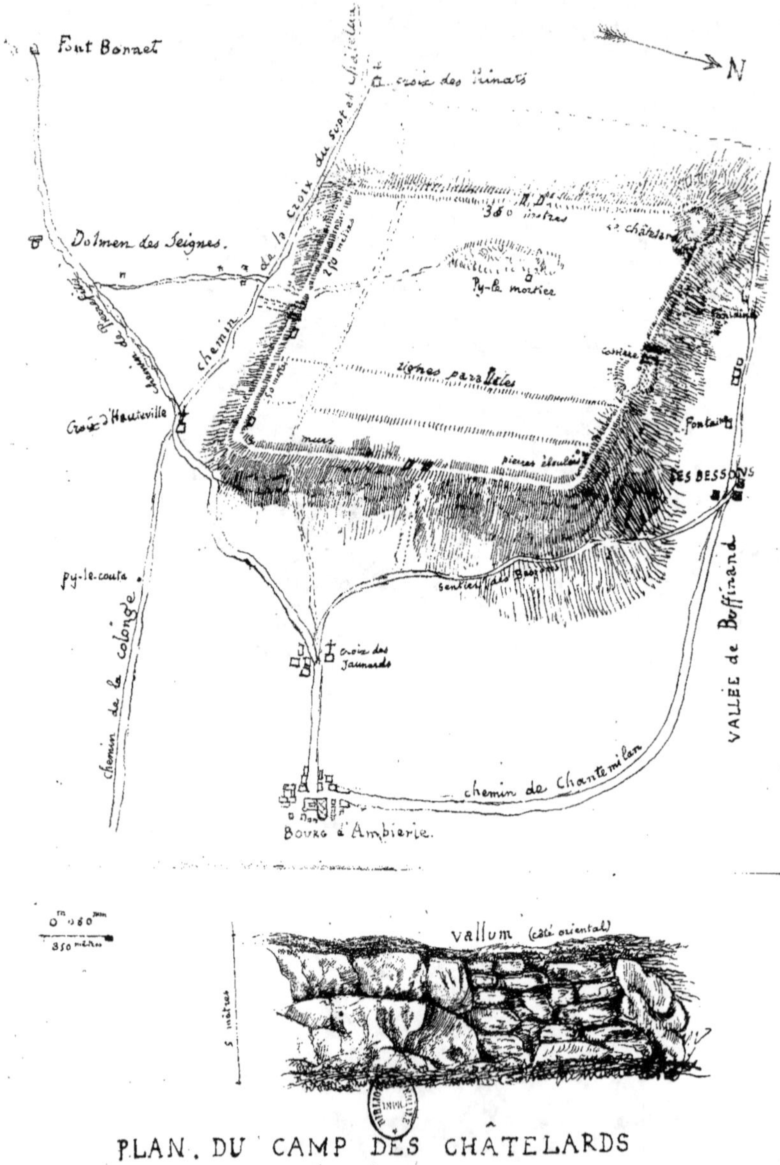

PLAN. DU CAMP DES CHÂTELARDS
à Ambierle